TOUT SAVOIR SUR L'EURASIER

II

TOUT SAVOIR SUR L'EURASIER

Mon Ami Le Chien

Saphira Eiger

Sommaire

VI

FICHE D'IDENTITÉ

NOM OFFICIEL :   Wolf Chow

AUTRES NOMS :   Eurasien

PAYS D'ORIGINE :   Allemagne

CLASSIFICATION :

Groupe :   5 — Chiens de type Spitz et de type primitif

Section :   4 — Spitz Européens

CARACTÉRISTIQUES :

Taille de la femelle :   48 à 56 cm

Poids de la femelle :   20 à 26 kg

Taille du mâle :   52 à 60 cm

Poids du mâle :   25 à 30 kg

Longévité :	Environ 12 ans

RECONNAISSANCE INTERNATIONALE :

FCI:	1973
AKC :	2008
KC :	2003
UKC :	1996

La Fédération Cynologique Internationale (**FCI**) est une organisation internationale basée en Belgique, comptant comme membres les institutions nationales de 98 pays. C'est, de loin, l'association canine la plus importante au niveau mondial.

L'American Kennel Club (**AKC**) est la principale association canine des États-Unis, et le seul registre gratuit du pays. Non affiliée à la FCI, elle a cependant une portée internationale.

The Kennel Club (**KC**) est l'association canine officielle du Royaume-Uni et c'est aussi la plus ancienne (elle fut créée en 1873). Peu influente sur le plan international, son histoire et son prestige font qu'elle est cependant très respectée.

L'United Kennel Club (**UKC**) est un registre canin basé aux États-Unis important en Amérique du Nord, mais peu suivi dans le reste du monde.

SES ORIGINES

Une fois n'est pas coutume, l'Eurasier est une race de chien dont les origines sont connues en détail. Le père de la race, Julius Wipfel (1913-2002), a en effet documenté de façon détaillée le processus de création, depuis le premier croisement en 1960 jusqu'à sa reconnaissance en 1973.

Vivant à Mannheim, en Allemagne, Julius et sa femme Elfriede recueillirent à la fin de la Seconde Guerre Mondiale un chien de type spitz abandonné par les Alliés. Celui qui fut surnommé « le Canadien » par ses nouveaux maîtres créa des liens forts avec sa nouvelle famille, mais se montra toute sa vie méfiant envers les étrangers et incroyablement agressif avec les autres animaux, qu'il tuait sans ménagement. À sa mort, le couple décida d'adopter un chien ayant les mêmes caractéristiques physiques, mais avec un tempérament plus sociable.

C'est avec cette idée en tête qu'en 1960 Julius Wipfel fit se reproduire trois Chow-Chow avec quatre Wolfspitz (appelés aussi Keeshond).

De ces premiers croisements naquirent de nombreux chiots, qui furent classés en 3 catégories selon leurs caractéristiques :

- le type 1, dit « Mixte »,
- le type 2, dit « Wolf-Dingo », au caractère sauvage,
- le type 3, dit « Polaire ».

C'est le troisième qui fut choisi pour continuer le programme d'élevage de ce qui fut alors appelé le Wolf-Chow.

Une vingtaine d'éleveurs se joignirent à lui, et ensemble ils poursuivirent l'élevage de cette nouvelle race pendant 12 ans, jusqu'en 1972.

Cette année-là, après avoir consulté le docteur Ruth Grün de l'université de Göttingen et le zoologiste autrichien Konrad Lorenz, Julius Wipfel décida d'apporter du sang neuf et de croiser cinq chiennes Wolf Chow avec un mâle Samoyède. Les chiots issus de ces croisements sont les ancêtres de tous les Eurasiers existant aujourd'hui.

En 1973, il changea le nom de la race en Eurasier — une référence claire aux origines européennes et asiatiques de ce chien — et rédigea un nouveau standard. Celui-ci fut accepté par le Verband für das Deutsche Hundewesen (VDH), l'organisme canin de référence en

Allemagne, puis par la Fédération Cynologique Internationale (FCI), qui reconnurent la race la même année.

Malgré la publicité faite à la race par Konrad Lorenz – lauréat du Prix Nobel cette même année -, elle eut beaucoup de mal à conquérir son public en dehors des pays germanophones (Allemagne, Suisse, Autriche).

Les choses commencèrent à changer dans les années 90, lorsque l'Eurasier fut introduit au Canada. Il fut reconnu en 1995 par le Club Canin Canadien (CCC), suivi un an plus tard par l'Untited Kennel Club (UKC) américain. Il fallut cependant attendre 2008 pour que l'autre organisme américain de référence, l'American Kennel Club (AKC), l'admette dans son « Foundation Stock Service », une antichambre avant la reconnaissance officielle de la race, qui a lieu une fois que les effectifs atteignent un certain niveau.

À cette époque, la population mondiale d'Eurasier était estimée entre 8000 et 10 000 individus, la vaste majorité en Europe. Ce chiffre ne fait qu'augmenter depuis, et de plus en plus d'organismes l'ont reconnu à leur tour, à l'instar par exemple du prestigieux Kennel Club (KC) britannique en 2003.

SON APPARENCE

L'Eurasier est un spitz de taille moyenne, combinant la queue enroulée, les oreilles dressées et la tête lupoïde typiques des chiens nordiques.

Son corps solide et musclé, aux proportions harmonieuses, est un petit peu plus long que haut. La queue, attachée haut et très touffue, s'enroule sur le dos, ou légèrement sur le côté. Les pattes, musclées et à l'ossature solide, se terminent par des pieds ovales aux doigts bien serrés.

Sa tête est en forme de triangle, sans stop marqué. Le museau est allongé sans être pointu et se finit par une truffe noire. Les yeux sont de taille moyenne et de couleur foncée. Les oreilles, triangulaires, sont dressées sur le haut de la tête et se terminent en arrondi.

Le pelage de l'Eurasier est constitué d'un sous-poil court et dense, et d'un poil de couverture mi-long et raide. Il est plus court sur le visage, les oreilles et l'avant des pattes, et plus long en revanche au niveau de la queue, de la croupe et de l'encolure.

Toutes les couleurs, ainsi que toutes les combinaisons de couleurs, sont acceptées, hormis le blanc uni et la robe pie. Les couleurs les plus courantes sont le noir, le noir et feu, et le fauve, dans toutes ses nuances.

Enfin, le dimorphisme sexuel est assez marqué chez cette race, puisque les femelles sont en moyenne plus petites d'environ 5 cm.

SON CARACTÈRE

L'Eurasien est un chien calme et extrêmement proche de sa famille, avec laquelle son instinct de meute le pousse à passer autant de temps que possible. Il supporte très mal d'en être éloigné, souffrant facilement d'anxiété de séparation et se montrant rapidement destructeur s'il est laissé seul. Autant dire que ce n'est pas un chien adapté aux personnes souvent ou longtemps absentes, et que son maître a tout intérêt à l'inclure dans ses diverses activités quotidiennes : aller faire des courses, courir dans le parc…

Il se montre particulièrement affectueux et tolérant avec les plus jeunes, ce qui en fait une race de chien conseillée avec un enfant : ce dernier trouvera en lui un formidable compagnon de jeu, mais aussi de sieste. Il convient toutefois de garder en tête que les interactions entre un chien et un tout-petit doivent toujours se faire en présence d'un adulte, qui s'assure que tout se déroule dans de bonnes conditions pour chacun des protagonistes.

Par ailleurs, l'Eurasier n'a aucun instinct de chasse : il peut donc parfaitement cohabiter avec d'autres animaux, qu'il s'agisse de congénères, de chats, de rongeurs, de reptiles ou d'oiseaux. Toutefois, lorsque la différence de taille est importante, mieux vaut superviser leurs interactions, afin d'éviter les accidents. En effet, un coup de patte amical pourrait raccourcir subitement l'espérance de vie d'un petit rongeur, quand bien même il est le meilleur copain du chien…

Agréable et affectueux avec tous les membres de sa famille, l'Eurasier se montre en revanche extrêmement méfiant envers les humains et chiens qui lui sont inconnus. Il n'est pas pour autant agressif, mais se montre simplement extrêmement suspicieux et préfère observer de loin le déroulement de la situation. Il ne saurait donc être question de forcer un Eurasier à accepter les caresses de quelqu'un qu'il ne connaît pas, même s'il s'agit du meilleur ami de la famille. Il doit pouvoir l'accepter à son rythme. Il faut laisser le temps faire son effet, jusqu'à ce qu'il vienne de lui-même réclamer un peu d'attention, signifiant ainsi à « l'étranger » qu'il est maintenant admis dans la meute.

Son apparence fait qu'il attire souvent l'attention des autres passants lors de ses sorties, et certains n'hésitent pas à venir le caresser en le complimentant. Il faut toutefois comprendre que ceci est très stressant pour lui qui est si méfiant. Il est donc important d'apprendre à expliquer poliment que ces caresses, même si elles sont bien intentionnées, ne sont pas forcément les bienvenues.

Par ailleurs, ayant été développé dès ses débuts dans le but de tenir compagnie, l'Eurasier n'est pas très actif. On est loin des races de travail, qui elles ont foncièrement besoin de se sentir utile et de se dépenser. Cela ne signifie pas pour autant qu'il doit rester sans rien faire toute la journée, car il a, comme tout chien, un certain besoin d'exercice. Simplement, ce dernier est très modéré : se promener et jouer avec son maître au moins une demi-heure par jour suffit à son plaisir. Il est ravi si son maître lui offre davantage, mais n'a aucun problème à passer le gros de la journée couché sur le tapis en regardant son maître vaquer à ses occupations. Peu enclin à poursuivre les petits animaux, et n'étant pas le genre à aller auprès des humains et chiens en promenade, il peut facilement être promené sans laisse, si ceci est autorisé.

Ce faible besoin d'exercice en fait d'ailleurs une race de chien adaptée à la vie en appartement, sous réserve que ce dernier soit assez grand pour l'accueillir et que ses maîtres soient prêts à passer l'aspirateur très souvent (voire tous les jours) pour faire face à son importante chute de poils. Il apprécie évidemment d'avoir un jardin où gambader et se prélasser au soleil, mais préfère toujours être aux côtés des siens ; il ne saurait être question de lui faire passer le plus clair de son temps seul dehors. C'est donc plutôt un chien d'intérieur, qui ne profite vraiment d'un éventuel jardin que lorsque son maître est à proximité.

Habitué depuis ses débuts à vivre à leurs côtés, l'Eurasier a développé une grande capacité pour comprendre les hommes, et parvient très bien à distinguer les humeurs de sa famille et a appris à s'y adapter. Il sait le plus souvent quand il doit rester tranquillement dans son coin pour ne pas déranger, ou quand, au contraire, sa présence et son affection sont demandées. Cette sensibilité fait qu'il n'est pas adapté à un foyer dans lequel les tensions et les disputes sont fréquentes : il risquerait de s'imbiber d'émotions négatives et de souffrir de troubles du comportement, allant de la dépression à l'agression en passant par toutes sortes de destructions (meubles, vêtements, chaussures…).

Enfin, l'Eurasier aboie généralement peu. Il ne se fait habituellement entendre que pour prévenir son maître qu'un étranger approche, ce qui en fait un merveilleux chien d'alerte.

SA SANTÉ

Malgré un pool génétique réduit, l'Eurasier est robuste et jouit d'une espérance de vie respectable, certains sujets dépassant allègrement les 15 ans.

Son pelage dense le protège à merveille du froid et des intempéries, mais aussi de la chaleur. Même si en cas de canicule il doit pouvoir se reposer à l'ombre, voire dans un endroit climatisé, il est capable de s'adapter aux climats plus chauds des régions méditerranéennes.

Le fait qu'il soit généralement en bonne santé ne dispense toutefois pas l'Eurasier d'être affecté par diverses maladies, que l'on retrouve généralement aussi chez ses ancêtres le ChowChow, le Keeshond, et le Samoyède :

- la dysplasie de la hanche et la dysplasie du coude, des malformations articulaires pouvant être d'origine héréditaire et qui provoquent des difficultés de déplacement ;

- la luxation patellaire, lorsque la rotule sort de son emplacement et que le chien se met à boiter, qui est elle aussi souvent héréditaire ;

- l'hypothyroïdisme, un problème hormonal causant apathie et prise de poids. Elle a également des origines génétiques, mais est bien plus rare et les porteurs sont sortis du programme d'élevage ;

- la maladie d'Addison, un autre problème hormonal pouvant affecter de nombreuses fonctions du chien et qui se remarque le plus souvent par un manque d'appétit, une perte de poids, et des vomissements ou diarrhées ;

- l'ataxie cérébelleuse, une malformation provoquant une mauvaise coordination des mouvements. Elle est rare, mais peut affecter gravement la qualité de vie du chien ;

- des problèmes au niveau des paupières, comme l'entropion, l'ectropion ou les malimplantations ciliaires. Ils sont assez courants, mais peuvent facilement être corrigés par la chirurgie.

Pour minimiser les risques d'adopter un chien porteur d'une maladie d'origine génétique, il est impératif de se tourner vers un éleveur d'Eurasier responsable et sérieux, qui fait systématiquement tester ses reproducteurs et écarte ceux qui sont porteurs de telles affections. En plus des résultats des tests génétiques effectués sur les parents et le petit, il doit être en mesure de fournir un certificat établi par un vétérinaire attestant que le chien est en bonne santé, ainsi que son carnet de vaccination ou carnet de santé, dans lequel sont consignés les différents vaccins administrés.

Adopter un animal bien portant ne dispense pas pour autant de faire en sorte qu'il le reste. Par conséquent, comme tous les chiens, il convient de le faire examiner au moins une fois par an par un vétérinaire pour un contrôle de routine. Cela permet de s'assurer qu'il reste à jour de ses vaccins et est en parfaite santé, ou au contraire détecter au plus tôt un éventuel problème.

SA POPULARITÉ DANS LE MONDE

Sa population mondiale est estimée à 20.000 individus, localisés principalement en Europe, et notamment dans son pays d'origine l'Allemagne.

En France, sa popularité n'a cessé d'aller crescendo au cours des dernières décennies. Alors que le nombre de naissances enregistrées chaque année auprès du Livre des Origines Français (LOF) était de l'ordre de la trentaine au début des années 80, il atteignait déjà les 200 à peine une décennie plus tard. Il se stabilisa alors à ce niveau jusqu'au tournant du 21ème siècle, puis repartit à la hausse à partir de 2002, atteignant les 300 à la fin de la décennie. Ce fut ensuite une véritable explosion tout au long des années 2010, au point d'atteindre les 1000 naissances annuelles en 2017 et d'approcher les 1500 une poignée d'années plus tard.

En Grande-Bretagne, le nombre d'inscriptions annuelles auprès du KC est assez fluctuant : il se situe en général autour de la centaine, mais dépasse les 150 certaines années.

Il reste toutefois assez rare en Amérique du Nord. Aux États-Unis, moins de 200 individus sont recensés par l'AKC, mais il jouit d'une certaine popularité au Canada.

SES DIFFÉRENTS USAGES

L'Eurasier a été créé pour être un chien de compagnie, et c'est bien cette fonction qu'il remplit depuis une cinquantaine d'années.

Cette proximité avec l'Homme l'a aidé à comprendre mieux que la plupart des autres races les attitudes et les émotions humaines. Ceci en fait un excellent chien de thérapie pour une personne seule. Il peut venir consoler un maître triste, offrir une oreille attentive à celui qui a besoin de « vider son sac », ou bien regarder tranquillement la télévision avec celui qui a seulement besoin d'un peu de compagnie.

Assez méfiant envers les inconnus, il peut faire un très bon chien d'alerte, aboyant à l'approche d'une personne qui ne devrait pas être dans les parages. En revanche, si la menace se précise, l'Eurasier ne fait pas du tout un bon chien de garde. Malgré son gabarit, il a tendance à vouloir éviter les conflits et choisit la fuite.

ÉDUQUER SON EURASIER

Comme tous les chiens, l'Eurasier doit être socialisé dès son arrivée dans son nouveau foyer. Faire la connaissance de sa famille et de son environnement immédiat est évidemment nécessaire, mais certainement pas suffisant : il doit aussi avoir rapidement l'opportunité de découvrir de nouvelles personnes, de nouveaux animaux, de nouveaux endroits, et de faire de nouvelles expériences. C'est indispensable pour qu'il devienne un adulte calme et équilibré, qui n'a pas de réactions inattendues face à une situation à laquelle il n'a pas encore été confronté.

Au regard de sa méfiance naturelle envers les inconnus, il faut tout particulièrement mettre l'accent sur les rencontres avec tous types d'humains. Il ne saurait toutefois être question de le forcer à être caressé par ces derniers, car ceci aurait toutes les chances d'être source de stress pour lui. Il doit pouvoir faire la connaissance de nouvelles personnes à son rythme, et s'en approcher quand il se sent à son aise.

Compte tenu de sa proximité avec sa famille, sa capacité à « lire » les intentions de son maître et son intelligence, il est possible de lui faire assimiler de nombreuses commandes et tours. Le fait qu'il accepte naturellement l'autorité de son maître, même si ce dernier novice et se montre parfois maladroit, en fait d'ailleurs plutôt une race de chien facile à éduquer.

Encore faut-il néanmoins choisir des techniques appropriées. En effet, compte tenu de son tempérament, l'Eurasier n'est pas du tout adapté aux méthodes traditionnelles de dressage, qui pourraient mettre à mal le lien très fort qui doit exister entre lui et sa famille. Les techniques d'éducation canine basées sur le renforcement positif sont de loin les plus efficaces, lui permettant d'apprendre dans la bonne humeur et entouré de l'affection de ses proches.

Enfin, sa capacité à anticiper les demandes et actions de son maître lui permet de faire partie des rares races capables de savoir quand est venue l'heure du jeu, et qu'il est autorisé à sauter sur son maître, ou quand celui-ci part au travail et qu'il doit donc se contenter de lui lécher la main pour lui signifier son affection. Il ne pousse cependant pas le niveau de subtilité jusqu'à

maîtriser les codes vestimentaires des humains :
c'est l'attitude de la personne qui lui fournit les
indications dont il a besoin. Si son maître revient
à la maison en costume mais est déjà en week-
end dans sa tête, il est probable que l'Eurasier se
fasse un plaisir de partager sa bonne humeur et de
laisser ses traces de pattes sur la belle chemise
blanche.

NOURRIR SON EURASIER

L'Eurasier s'adapte parfaitement aux nourritures industrielles pour chien du commerce, qu'il s'agisse de pâtée ou de croquettes. Il faut simplement s'assurer de choisir des produits d'une qualité suffisante pour lui apporter tous les nutriments et vitamines dont il a besoin, et adaptés aussi bien à son âge qu'à sa taille et son niveau d'activité.

La détermination de sa ration quotidienne revêt également une importance certaine pour lui éviter tout embonpoint, même s'il n'est pas particulièrement prédisposé à l'obésité. Veiller à lui donner des quantités appropriées et à lui faire

faire suffisamment d'exercice chaque jour n'est toutefois pas suffisant : il est conseillé de surveiller régulièrement son poids en le pesant tous les mois.

En cas de prise de poids confirmée voire aggravée lors la mesure suivante, il ne faut pas attendre pour s'emparer du problème. Le vétérinaire est alors la seule personne à même d'établir de façon fiable s'il s'agit d'un problème médical (par exemple de l'hypothyroïdie ou une autre maladie, voire simplement une réaction à un médicament) ou s'il convient simplement de doit changer ses habitudes alimentaires, que ce soit concernant le choix des produits ou la quantité qui lui en est donnée. Il peut aussi donner de nombreux conseils utiles quant aux activités recommandées pour faire maigrir son chien afin qu'il revienne à son poids de forme.

Enfin, comme pour n'importe quelle race, il ne faut jamais oublier de laisser en permanence une gamelle d'eau fraîche à disposition de l'Eurasier, pour qu'il puisse épancher sa soif à discrétion.

PRENDRE SOIN DE SON EURASIER

L'entretien de l'Eurasier n'est pas de tout repos, mais s'avère plus simple que sa fourrure dense ne le laisse penser. Il suffit de le brosser une ou deux fois par semaine pour enlever les poils morts et la saleté qui a pu s'accumuler dans son pelage. Tout change lors de ses mues annuelles, au printemps et à l'automne : compte tenu de son importante perte de poils dans ces périodes, les séances de brossage doivent alors devenir quotidiennes.

Il est judicieux de lui faire prendre un bain justement à ces moments-là, afin de faciliter la chute des poils morts. En tout état de cause, deux bains par an s'avèrent normalement suffisants, à moins bien sûr qu'il ne se soit particulièrement sali à un moment donné. Il convient en tout cas d'avoir alors recours à un shampooing doux spécialement conçu pour les chiens.

Les séances hebdomadaires de toilettage sont l'occasion de lui nettoyer les oreilles à l'aide d'un chiffon propre afin d'éviter l'accumulation de saletés.

De même, il est nécessaire de lui nettoyer chaque semaine les yeux pour limiter les risques d'infection.

Pour qu'il puisse garder de belles dents bien propres, un brossage hebdomadaire à l'aide d'un dentifrice pour chiens est un minimum nécessaire. Cela permet d'éviter la formation de tartre et l'apparition de problèmes bucco-dentaires.

Enfin, selon son niveau d'activité, les griffes de l'Eurasier ont besoin d'être taillées tous les 1 ou 2 mois. En effet, si elles deviennent trop longues, elles peuvent le gêner pour marcher voire se casser, et potentiellement alors le blesser.

Il est indispensable de bien maîtriser les différentes manipulations nécessaires à l'entretien de son chien, notamment afin d'éviter de lui faire mal. Connaître les bons gestes permet aussi de gagner en qualité et en efficacité, tout en s'assurant de ne rien oublier. Il ne faut pas hésiter à les apprendre auprès d'un vétérinaire ou d'un toiletteur professionnel la toute première fois.

COUT D'UN EURASIER

En Europe, le prix d'un chiot Eurasier est d'environ 1300 euros, sans différence notable entre les mâles et les femelles.

Selon les caractéristiques intrinsèques du chiot ainsi que la renommée de l'élevage dont il provient et son ascendance plus ou moins prestigieuse, le montant demandé se situe le plus souvent entre 1000 et 1600 euros.

Au Canada, les éleveurs d'Eurasiers sont relativement nombreux, mais pas suffisamment pour faire face à la demande croissante. Ils sont donc souvent assez sélectifs quant aux personnes à qui ils cèdent leurs chiots, et les listes d'attente peuvent durer jusqu'à deux ans. Après cette attente, les candidats à l'adoption doivent débourser environ 2000 dollars canadiens pour pouvoir accueillir un chiot Eurasier dans la famille.

Certains choisissent donc d'importer leur chien depuis l'Europe. Le cas échéant, des coûts de transport et des frais administratifs viennent s'ajouter au prix d'achat, ainsi que le montant nécessaire à l'éventuel enregistrement auprès du Club Canin Canadien.

QUELQUES EURASIER CÉLÈBRES

Konrad Lorenz (1903-1989), un zoologiste autrichien qui obtint le Prix Nobel de Médecine en 1973, fut l'un des premiers propriétaires d'Eurasier, avant même sa reconnaissance officielle. En effet, il s'impliqua lui-même dans son développement. Sa renommée et son amour pour sa chienne Babett firent beaucoup pour populariser la race.

LE STANDARD DE L'EURASIER

STANDARD FCI NUMÉRO :   291

DATE DE PUBLICATION :   17/02/20

ASPECT GENERAL :

Chien de type Spitz, de taille moyenne aux proportions harmonieuses et aux oreilles dressées qui présente plusieurs variétés de couleur ; la longueur du poil est telle qu'elle permet d'apprécier les proportions du corps ; l'ossature est moyennement lourde.

PROPORTIONS IMPORTANTES :

La longueur du corps est légèrement supérieure à la hauteur au garrot. La longueur du museau et celle du crâne sont approximativement identiques.

COMPORTEMENT / CARACTERE :

Fier, calme, bien équilibré avec seuil de réaction élevé ; vigilant et attentif sans être bruyant ; d'un attachement très marqué envers la famille de ses maîtres. Vis-à-vis des étrangers, reste calme sans les importuner. Pour atteindre le plein essor de ces qualités l'Eurasier a besoin d'un contact humain étroit et ininterrompu dans le cadre familial et doit jouir d'une éducation pleine de compréhension, mais rigoureuse et suivie.

TETE :

Crâne harmonieux, pas trop large ni trop étroit ; vu de dessus et de profil en forme de coin ; les axes longitudinaux du crâne et du chanfrein sont parallèles.

REGION CRANIENNE :

Crâne : Région frontale plate avec sillon médian bien perceptible. Protubérance occipitale bien marquée.

Stop : Peu marqué.

REGION FACIALE :

Truffe : De grandeur moyenne, de couleur noire.

Museau : Harmonieux, ni trop lourd ni trop pointu ; va en s'amenuisant vers la truffe ; chanfrein droit de même que les branches de la mandibule.

Lèvres : Bord des lèvres bien tendu, de couleur noire.

Mâchoires/dents : Mâchoires fortes, arcade mandibulaire large. Denture robuste et complète (42 dents selon la formule dentaire) ; articulé en ciseaux (les incisives supérieures recouvrent en un contact étroit la face antérieure des incisives inférieures) ou en pince (les incisives sont en contact par leur bord libre) ; prémolaires et molaires bien alignées sans interruption ni manque ; toutes les dents sont implantées à l'équerre dans les mâchoires.

Joues : Peu marquées.

YEUX :

Foncés, de grandeur moyenne, ni trop enfoncés ni trop saillants ; ouverture palpébrale légèrement oblique ; les paupières épousent rigoureusement la forme du globe oculaire ; leur bord est pigmenté de noir.

OREILLES :

Séparées l'une de l'autre d'environ une largeur d'oreille mesurée à son attache ; de grandeur moyenne et de forme triangulaire ; dressées, les sommets légèrement arrondis ; les sommets des deux oreilles et le centre du stop forment un triangle presque équilatéral.

COU :

De longueur moyenne, en harmonie avec l'ensemble, bien musclé ; peau de la gorge bien appliquée et tendue. Raccordement bien équilibré de la tête au corps.

CORPS :

Vue d'ensemble : Tronc solide, pas trop court.

Garrot : Bien marqué.

Dos : Ferme et rectiligne ; très bien musclé.

Rein : De bonne longueur et largeur, très bien musclé.

Croupe : Presque horizontale, large et solide.

Poitrine : Elle descend jusqu'au niveau des coudes ; côtes arrondies de forme ovale ; poitrail bien développé, sans, cependant, être trop marqué ; sternum long, se prolongeant loin vers l'arrière.

Ligne du dessous et ventre : Légèrement relevée dans la région du ventre, les flancs sont légèrement rentrés.

QUEUE :

Attachée haut, ronde et ferme, de bonne épaisseur et allant en s'amenuisant vers son extrémité ; touffue, elle est portée soit rabattue en avant sur le dos, soit très légèrement recourbée de côté ou enroulée ; si elle pend, elle atteint le jarret.

MEMBRES

MEMBRES ANTERIEURS :

Vue d'ensemble : Vus de face d'aplomb et parallèles ; de profil, les angles sont bien angulés ; le bras et l'avant-bras sont presque de même longueur.

Epaule : Bien musclée ; les omoplates sont légèrement obliques.

Bras : De longueur moyenne et bien musclé.

Coude : Bien au corps.

Avant-bras : De longueur moyenne, bien musclé.

Métacarpe : De longueur moyenne ; solide ; vu de face absolument d'aplomb ; vu de profil légèrement incliné vers l'avant.

Pieds antérieurs : Ovales ; doigts bien serrés, modérément cambrés ; ongles solides, de couleur foncée ; coussinets résistants, bien épais, de couleur noire ; poil abondant entre les coussinets digités.

MEMBRES POSTERIEURS :

Vue d'ensemble : Vus de derrière d'aplomb et parallèles ; de profil, les angles sont bien angulés ; la cuisse et la jambe sont presque de même longueur.

Bassin : En position légèrement oblique.

Cuisse : De longueur moyenne et fortement musclée.

Grasset (genou) : Ferme, angle pas trop ouvert.

Jambe : De longueur moyenne, bien musclée.

Jarret : Pas trop descendu, ferme, ni clos ni ouvert, stable, pas trop en avant.

Métatarse : Large et de bonne longueur ; d'aplomb vu de profil.

Pieds postérieurs : Ovales ; doigts bien serrés, modérément cambrés ; ongles solides, de couleur foncée ; coussinets résistants, bien épais; poil abondant entre les coussinets digités.

ALLURES :

Couvrant bien le terrain, avec une bonne poussée des postérieurs et une bonne extension des antérieurs. Le dessus, en action, est solide et bien équilibré. Antérieurs et postérieurs se portent droit devant. Quand la vitesse augmente, les membres se rapprochent. Allure préférée : le trot.

Bien appliquée, pigmentée.

Qualité du poil :

Sur tout le corps sous-poil dense et poil de couverture mi-long, raide et couché sans être serré ; poil court sur le museau, la face, les oreilles et les faces antérieures des membres ; la queue, la face postérieure des antérieurs (franges) et des postérieurs (culotte) offrent un poil de couverture plus long ; sur l'encolure, le poil n'est qu'un peu plus long que sur le corps, sans former de crinière.

Couleur du poil :

Toutes les couleurs et toutes les combinaisons de couleurs sont admises excepté le blanc pur et la robe pie.

DEFAUTS :

Tout écart par rapport à ce qui précède doit être considéré comme un défaut qui sera pénalisé en fonction de sa gravité et de ses conséquences sur la santé et le bien-être du chien.

DEFAUT GRAVES :

• Forte dépigmentation.

• Stop très marqué et (ou) crâne fortement en bombé.

• Angulation droite aux postérieurs.

• Carpe fortement fléchi.

• Dos affaissé ou carpé.

• Manque de trois ou quatre P2.

• Manque d'une ou plusieurs P1 de même que le manque simultané de deux P2 ou davantage.

• Queue visiblement ouverte, non couchée.

• Queue courte.

• Caractères liés au sexe insuffisamment prononcés.

DEFAUTS ENTRAINANT L'EXCLUSION :

• Chien agressif ou peureux.

• Tout chien présentant de façon évidente des anomalies d'ordre physique ou comportemental.

• Absence d'une ou de plusieurs incisives ou canines.

• Absence d'une ou de plusieurs prémolaires 3 ou 4.

• Absence d'une ou de plusieurs molaires 1 ou 2.

• Anomalies de l'articulé.

• Entropion, ectropion ; yeux trop enfoncés, trop petits.

• Oreilles semi-dressées, oreilles tombantes.

• Queue cassée.

• Chevauchement des articulations tarsiennes. Articulation du jarret instable : mouvement anormal du chien debout vers l'avant ou vers le côté.

• Robe pie.

• Blanc pur.

• Les mâles doivent avoir deux testicules d'aspect normal complètement descendus dans le scrotum.

• Seuls les chiens sains et capables d'accomplir les fonctions pour lesquelles ils ont été sélectionnés, et dont la morphologie est typique de la race, peuvent être utilisés pour la reproduction.